# 밥상에 우리말이 가득하네

### 참고 도서

박일환, 〈우리말 유래 사전〉 | 조항범, 〈정말 궁금한 우리말 100가지〉, 예담
박영수, 〈우리말 뉘앙스 사전〉, 북로드 | 장승욱, 〈우리말은 재미있다〉, 하늘연못
엄민용, 〈건방진 우리말 달인〉, 다산초당 | 김정섭, 〈우리말 바로쓰기 사전〉, 지식산업사
이수열, 〈우리가 정말 알아야 할 우리말 바로쓰기〉, 현암사
우리누리, 〈그래서 이런 말이 생겼대요〉, 길벗스쿨

### 일러두기

이 책에 실린 우리말은 민간 어원 및 예로부터 전해져 내려오는 우리말 이야기들을 참고로 하였습니다.

이미애 글 | 권송이 그림 | 손세모돌 감수

웅진 주니어

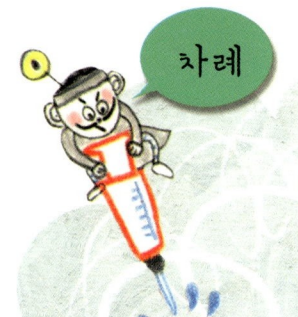

# 차례

 **음식에서 우리말이 나왔어요**

### 불똥 할머니의 요술 보퉁이 ······ 6
부록 - 음식에서 나온 속담들 ······ 24

 **놀이에서 우리말이 나왔어요**

### 훨훨 연을 날려요 ······ 26
부록 - 놀이에서 나온 속담들 ······ 44

 **몸에서 우리말이 나왔어요**

### 거인 왕국에 간 의사 선생님 ······ 46
부록 - 몸에서 나온 속담들 ······ 66

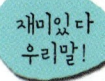

 도구에서 우리말이 나왔어요

## 창고 안이 수런수런······68
부록-도구에서 나온 속담들······84

 옷에서 우리말이 나왔어요

## 길모퉁이 옷 가게······86
부록-옷에서 나온 속담들······100

 부록에서 나온 속담들······102

음식에서 우리말이 나왔어요
# 불똥 할머니의 요술 보퉁이

"엥, 불똥 할머니가 올라오신다고요?"

재동이는 펄쩍 뛸 듯이 놀랐어요.

목소리 크고 화도 잘 내는 무서운 시골 할머니가 집에 온대요.

"재동아, 너 할머니 앞에서 버릇없이 굴면 안 된다. 그랬다가는 알지?"

엄마가 그렇게 따로 일러 주지 않아도 재동이는 무서운 할머니 앞에서 까불 생각은 전혀 없었어요.

할머니는 남의 말은 절대 안 듣는 고집불통에다가, 까딱 잘못했다가는 불똥 튀듯이 불호령을 내려서 모두 불똥 할머니라고 불렀어요.

　물론 할머니 뒤에서만 몰래 부르니까 할머니는 아마 모를 거예요.

　다음 날, 불뚱 할머니는 커다란 보퉁이를 등에 질끈 둘러메고 양손에도 들고 왔어요.

엄마는 할머니 불똥이 안 튀게 하려고 평소에 안 떨던 애교까지 떨었어요.

"어머, 어머, 어머니! 무겁지 않으셨어요? 부르셨으면 제가 모시러 나갔을 텐데요."

"아이고, 치워라. 두 다리가 이리 멀쩡한데 마중은 무슨 마중이냐."

과연 불똥 할머니답게 단박에 엄마의 콧대를 꺾어 놓았어요. 엄마는 머쓱해하며 물러섰어요.

재동이는 마침 방학 숙제로 문제집을 풀고 있던 참이었어요.

숙제가 많이 밀렸다고 엄마한테 한참 꾸중을 듣고 있던 터라 고소한 생각까지 들었어요.

재동이가 헤헤 웃자 할머니는 재동이를 보고도 한마디 했어요.

"재동아, 숙맥같이 서 있지 말고 여기 숙맥이나 좀 받아서 들여놔라."

"네? 불…… 할머니, 숙맥이 뭐예요?"

하마터면 불똥 할머니라고 부를 뻔했어요. 재동이는 휴, 가슴을

숙맥같다

숙맥은 콩과 보리를 일컫는 말. '숙맥불변'의 줄임말로 콩과 보리를 구별하지 못한다는 뜻으로, 사리 분별을 못하는 어리석은 사람에 빗대어 쓴다.

쓸어내리며 물었어요.

"숙맥도 몰라? 콩하고 보리 아니냐. 너처럼 콩과 보리를 구분 못하는 세상 물정 모르는 사람도 숙맥이라고 하지."

재동이는 불똥이 튀는 게 이런 거구나 생각하며 불똥 할머니의 보퉁이를 받았어요.

"아이코, 무거워라."

재동이 몸이 휘청했어요.

"할머니, 저 **골탕** 먹이려고 그러셨지요?"

불똥 할머니는 호호 웃으며 말했어요.

"무거웠냐? 안 그래도 할미가 우리 재동이 진짜 골탕 끓여 주려고 이것저것 사 왔다."

재동이는 진짜 골탕이 뭔지 그다지 알고 싶지 않았어요. 어쩐지 불똥 할머니는 남 골탕 먹이는 걸 즐기는 것처럼

골탕

소의 등골이나 머릿골에 녹말을 묻혀 기름에 지져 달걀을 입힌 뒤 맑은장국에 넣어 끓인 국. '골탕'의 '골'이 '곯다'의 '곯'과 비슷하여 남에게 큰 손해나 피해를 입히거나 당할 때 쓴다.

보였으니까요.

저녁때가 되었어요.

부엌에서는 할머니가 식탁 위에 갖은 재료들을 죽 늘어놓고는 뭔가를 바삐 준비하고 있었어요.

"재동 어멈아, 그것 좀 가져와라."

"네? 어머니 그것이 뭔지……."

"그것 말이다. 국 간장."

"아, 네. 어머니, 국 간장 여기 있어요."

"아이고, 내 이럴 줄 알았지. 내가 국 간장 가져가라고 싸 줄 때는 있다고 안 가져가더니 인스턴트 국 간장을 먹고 있구나. 내 그럴 줄 알고 가져왔다. 거기 보통이 풀면 국 간장 한 병 있으니 이리 가져와라."

"네, 네, 어머니."

엄마는 땀을 뻘뻘 흘리며 불똥 할머니가 시키는 대로 허둥지둥 움직였어요.

이윽고 아빠가 회사에서 돌아오고 네 사람은 식탁에 둘러앉아

보였으니까요.

저녁때가 되었어요.

부엌에서는 할머니가 식탁 위에 갖은 재료들을 죽 늘어놓고는 뭔가를 바삐 준비하고 있었어요.

"재동 어멈아, 그것 좀 가져와라."

"네? 어머니 그것이 뭔지……."

"그것 말이다. 국 간장."

"아, 네. 어머니, 국 간장 여기 있어요."

"아이고, 내 이럴 줄 알았지. 내가 국 간장 가져가라고 싸 줄 때는 있다고 안 가져가더니 인스턴트 국 간장을 먹고 있구나. 내 그럴 줄 알고 가져왔다. 거기 보퉁이 풀면 국 간장 한 병 있으니 이리 가져와라."

"네, 네, 어머니."

엄마는 땀을 뻘뻘 흘리며 불똥 할머니가 시키는 대로 허둥지둥 움직였어요.

이윽고 아빠가 회사에서 돌아오고 네 사람은 식탁에 둘러앉아

저녁을 먹기 시작했어요.

"와! 이 국물 진짜 맛있어요, 할머니."

"이게 진짜 골탕이라는 거다."

"할머니, 골탕은 이렇게 맛있는데 왜 사람 놀릴 때도 골탕 먹인다고 해요?"

"할미는 모르지. 누구 똑똑한 사람이 재동이한테 좀 가르쳐 줘 봐라."

"당신은 알지? 평소에 텔레비전에서 하는 우리말 퀴즈 잘 맞혔잖아."

아빠는 도움이라도 바라듯 엄마를 쳐다보았어요.

그러자 엄마가 딱 부러지게 말했어요.

"재동이 곯은 게 뭔지 알지? 상하거나 병든 거 말야. 골탕의 '골' 자가 그 '곯다' 하고 비슷해서, 골탕 먹인다는 말이 안 좋은 뜻이 되었대."

할머니는 엄마 말을 들으며 고개를 끄덕끄덕했어요.

"과연 재동 어멈은 똑똑해. 우리 얼간이 아들이 색시는 잘

얼간이

얼간은 소금을 조금 뿌려서 약간 절이는 것으로, 됨됨이가 똑똑하지 못하고 모자라는 사람을 낮추어 부를 때 얼간이라고 한다.

만났다니까."

"앗, 어머니. 가만있는 제가 왜 얼간이예요?"

할머니의 불똥이 이제 아빠에게 떨어진 걸 알고 엄마와 나는 마주 보며 눈을 찡긋했어요.

"하긴 얼간이란 말은 듣기 싫지만, 소금에 살짝 얼간한
고등어구이는 맛만 좋은데요."
아빠는 할머니 앞에서 아이가 된 듯 어리광을 부리며 말했어요.
"아이고, 아범아. 애쓴다. 재동아, 이 할미가 재미있으라고 장난친

거야. 알지?"

할머니 말에 아빠 얼굴이 발개졌어요. 엄마와 나는 배시시 웃었어요.

재동이는 불똥 할머니가 재미있다는 걸 왜 몰랐을까 하고 생각했지요.

저녁상을 물리고 할머니가 갑자기 생각난 듯 엄마에게 물었어요.

"참, 내가 전화해서 콩 불려 놓으라고 했는데 불려 놓았니?"

"네, 어머니가 말씀하신 양만큼 불려 놓았어요. 그런데 뭐 하시게요?"

할머니는 두부를 만들 거라고 했어요.

"네? 어머니, 아파트에서 두부를 만든다고요?"

"아파트는 뭐 사람 사는 집 아니냐? 아파트고 뒤파트고 사람 사는 데면 두부야 만들 수 있지."

할머니는 믹서라는 말을 몰라서 엄마에게 한참 설명했어요.

"거, 있지 않냐. 거 왜, 윙 하고 가는 거 있지? 맷돌. 그래, 신식 맷돌 꺼내 봐라."

엄마는 잠시 멍해 있다가 그제야 알아들었는지 방긋 웃으며 말했어요.

"아, 어머니. 믹서요?"

"응, 그래. 믹서 맞다, 맞아."

잠시 뒤 거실은 한바탕 난리가 났어요.

신문지를 잔뜩 깔아 놓은 거실 바닥에 믹서와 불린 콩이 든 들통과 베 보자기와 크고 작은 네모난 통들이 잔뜩 펼쳐졌어요.

재동이는 다른 때 같으면 좋아하는 텔레비전을 봤을 테지만 오늘은 포기했어요.

대신 텔레비전만큼이나 흥미진진하게 두부 만드는 걸 지켜보았어요.

재동이는 집에서 두부를 만들 수 있다고는 생각도 못 했거든요.

"와, 할머니. 두부는 공장에서만 만드는 건 줄 알았어요."

"옛날엔 다 콩을 맷돌로 갈아서 만들어 먹었다. 요새야 신식 맷돌이 있어서 더 편하지."

할머니는 탱탱 불린 콩과 물을 믹서에 넣고는 무섭다며 엄마에게

곤죽

물기가 많아 질퍽한 상태를 일컫는 것으로, 일이 엉망진창이 되어 갈피를 잡기 어려운 상황에 빗대어 쓴다.

곱게 갈라고 시켰어요.

"나는 그거 돌아가는 거는 좀 무섭더라. 재동 어멈이 해 봐라."

엄마가 믹서 단추를 누르자 콩과 물이 섞이면서 윙 갈렸어요.

콩이 뽀얗고 곱게 갈렸어요.

"보자, 콩 물이 곤죽이 됐네. 딱 좋다. 이제 베 보자기에 넣고 꾹꾹 눌러 짜야지."

엄마가 할머니 설명에 따라 베 보자기에 넣고 꾹 짜자, 베

보자기에서 마치 비지땀이 흐르듯이 콩 물이 줄줄 흘러나왔어요.

"와! 할머니 콩 물이 땀을 흘리는 거 같아요. 이게 진짜 비지땀이구나."

재동이는 정말 신기했어요.

"더 세게 짜야지. 더 꽉꽉!"

할머니 말에 끙끙 힘주어 콩 물을 짜는 엄마 얼굴에서도 비지땀이 주르륵 흘렀어요.

"자, 얼추 됐다. 이제 비지는 따로 놔뒀다가 비지찌개 끓여 먹고, 이 뽀얀 콩 물은 슬슬 끓이면서 간수 넣어 간을 해야지. 이건 좀 어려우니까 내가 하마. 어멈은 잘 보고 배워라."

한참 만에 두부가 만들어졌어요.

그러자 할머니의 불똥을 피해 방에 들어가 있던 아빠가 두부를 먹으려고 슬그머니 거실로 나왔어요.

재동이는 두부를 안 좋아하는데, 금방 만든 따끈따끈한 두부를 양념장에 찍어 먹으니까 정말 맛있었어요.

"와, 두부 한 접시가 감쪽같이 사라졌네."

**비지땀**

비지는 콩을 불려 갈아서 두부를 만들고 남은 찌꺼기로, 힘든 일을 할 때 쏟아져 내리는 땀에 빗대어 쓴다.

모두 맛있게 먹자 엄마가 뿌듯한 얼굴로 말했어요.

"아이고, 내 정신 좀 봐라. 감쪽같다니까 생각나네."

할머니는 아직도 뭔가 잔뜩 든 보퉁이에서 부스럭거리며 곶감을 꺼내 놓았어요.

할머니의 보퉁이는 요술 보퉁이처럼 온갖 게 다 나왔어요.

콩 보리에, 국 간장에, 참기름에, 깨에, 된장 고추장에 곶감까지

감쪽같다

곶감의 쪽을 일컫는 말로, 곶감이 사라지듯 꾸민 일이나 물건을 고친 흔적이 전혀 알아차리지 못할 정도로 완벽할 때 빗대어 쓴다.

술술 나오지 뭐예요.

재동이는 그중에서 곶감이 제일 좋았어요.

할머니는 말랑말랑한 곶감을 먹기 좋게 찢어 주었어요.

곶감을 한 쪽 한 쪽 날름날름 집어 먹다 보니까 곶감도 감쪽같이 사라져 버렸어요.

"와, 배부르다."

재동이는 볼록해진 배를 통통 두드렸어요.

할머니가 그런 재동이를 보고 빙그레 웃어 보였어요.

재동이는 이제 조금도 할머니가 무섭지 않았어요.

속 깊은 정이 담겨 있는 할머니의 불똥은 따끔거리지도 뜨겁지도 않았어요. 할머니의 불똥이 튀면 오히려 마음이 따스해졌어요.

다음 날, 재동이는 일어나자마자 할머니를 찾았어요.

"재동아, 할머니 깨서. 어제 무거운 짐 들고 오시느라 고단하신지 아직 주무셔."

엄마는 부엌에서 조용히 아침 준비를 하다가 재동이에게 쉿 하고 손가락을 들어 보였어요.

"할머니가 예전에는 괄괄하신 만큼 힘도 넘치셨는데, 이제는 몸이 많이 약해지신 거 같아."

엄마는 좀 슬픈 듯이 중얼거렸어요.

재동이는 할머니가 누워 있는 방으로 살금살금 들어갔어요.

할머니는 코를 다르랑다르랑 골며 잠들어 있었어요.

재동이는 할머니 품으로 파고들었어요.

할머니가 잠결에 재동이를 안아 주었어요.

"끙, 내 새끼!"

재동이는 포근한 할머니 품에서 눈물이 날 것 같았어요.

"할머니, 늙지 마. 응?"

할머니는 재동이 말을 들었는지 못 들었는지 재동이를 더 폭 안아 주었어요.

놀이에서 우리말이 나왔어요
# 훨훨 연을 날려요

"아아, 잘 잤다."

잠꾸러기 은지는 통통한 팔을 쭉 뻗어 올렸어요.

방 안에 달랑 은지 혼자뿐인 걸 보니 엄마 아빠는 오늘도 은지를 깨우지 않고 나갔나 봐요.

머리맡에는 아빠가 만들어 준 연이 잘 놓여 있었어요.

은지는 연을 보고 오늘이 대보름날이란 걸 생각해 냈어요.

멀리서 신 나는 꽹과리 소리가 들렸어요.

"꽹과리는 꽹꽹 시끄러워. 자기들끼리만 모여 놀고. 훙!"

은지는 혼자 헹 하고 토라졌어요.

은지네는 버섯 농사를 지으려고 고향에 내려온 지, 아직 몇 달 안 되었어요.

엄마 아빠는 고향에 오자마자 옛 친구들을 만나며 늘 즐거워했어요.

하지만 은지는 아니에요.

시골에 이사 와서 아직 친구 한 명도 제대로 사귀지 못했거든요.

그래서 오늘같이 마을 사람들이 모여 떠들썩하게 노는 날이 하나도 반갑지 않았어요.

"우리끼리 재밌게 놀 수 있어. 그치? 꼭두각시야."

은지는 서랍장 위에 놓인 꼭두각시 인형을 내려서는 품에 꼭 안았어요.

아빠는 인형에 줄을 매달아 팔다리를 움직일 수 있도록 해 주었어요.

시골로 이사 와서 심심해하는 은지에게 아빠가 처음으로 만들어 준 선물이었어요.

은지는 심심할 때면 꼭두각시를 친구 삼아 재미나게 놀았어요.

꼭두각시

꼭두각시놀음에 나오는 줄을 매달아 움직이는 인형으로, 자기 생각 없이 남의 조종에 따라 행동하는 사람에 빗대어 쓴다.

은지는 줄을 당겼다가 놓았다가 하며 꼭두각시를 다루었어요.

"심심하지? 꼭두각시야."

"은지야, 그러지 말고 나가 놀지 그래?"

"나가 봤자 오늘은 모두 바빠."

"그래도 나가 봐. 맛있는 것도 많잖아? 재미도 있을걸."

"응……. 그래, 맞아. 재미있을 거야."

은지는 꼭두각시를 다루며 혼잣말을 주거니 받거니 하다가 벌떡 일어섰어요.

은지는 놓칠세라 연도 잘 챙겨 들었어요. 그리고 그새 토라진 것도 싹 잊고 신 나서 마당으로 내려갔어요.

동네 빈터에는 널따란 멍석 위에 아저씨들이 모여서 시끌벅적 윷놀이가 한창이었어요.

아무도 은지가 다가왔는지 몰랐어요.

은지는 아빠 옆으로 가서 아빠 옷자락을 잡아당겼어요.

"어, 우리 외동딸 언제 왔어?"

아빠가 은지를 보고는 싱글벙글 웃으며 윷가락을 던졌어요.

"모 나와라, 모!"

아빠가 던진 윷가락이 멍석 위에 떨어지자 동네 아저씨들이 왁자하게 소리쳤어요.

"얼쑤! 모다, 모야. 외동딸이 오니 외동무니 말이 단숨에 나왔네."

**외동무니**

윷놀이에서 한 동으로만 가는 말을 일컬으며, 아들과 딸이 하나인 경우에 빗대어 외동아들, 외동딸이라고 부른다.

아빠는 좋아서 입이 함박만 하게 벌어졌어요.

하지만 은지는 심통이 나서 입이 쑥 나왔어요.

아빠는 지금 윷놀이가 재미있어서 정신이 없었어요. 은지랑 놀아 줄 생각은 전혀 못 했어요.

은지는 아빠가 다시 윷놀이에 빠져드는 걸 보고는 종종종 발길을 돌렸어요.

음식을 준비하는 엄마와 아주머니들에게 가 볼까 잠시 생각도 했지만 곧 고개를 흔들었어요.

"은지야, 물 좀 떠 오련?"

"은지야, 기름병 좀 갖다 줘."

"거기 밀가루 좀 들고 와라."

자잘한 심부름은 죄다 시키면서, 은지가 어쩌다 지글지글 잘 익은 부침개 귀퉁이라도 뜯어 먹으려고 하면 놀릴 게 뻔해요.

"은지 좀 봐. 은지가 아니라 인쥐다, 인쥐. 찍찍."

은지는 사람 쥐 취급을 받느니 혼자서라도 동산에 올라가야겠다고 생각했어요.

은지는 지금껏 혼자서는

한 번도 동산에 올라가 본 적이 없어서 마음을 다부지게 먹었어요.

"언니 오빠들이 안 데려가도 나 혼자 갈 수 있다, 이거야!"

은지는 보란 듯이 운동화 끈도 다시 질끈 묶었어요.

그러고는 힘차게 발을 탁 내딛는데 우는 소리가 들렸어요.

"엉엉엉!"

은지가 골목을 돌아서자 담벼락 아래에 누군가 쪼그려 앉아서 울고 있었어요.

울보로 소문난 동이였어요.

"어, 동아. 왜 거기서 울고 있어?"

동이는 찐빵같이 동그란 얼굴이 눈물범벅이 되어서는 은지를 쳐다보았어요.

"나만 빼고 갔어. 엉엉."

동이는 울면서 손가락으로 동산을 가리켰어요.

은지도 토라져 있었지만 울고 있는 동생을 보니 갑자기 의젓해졌어요.

동이도 은지 못지않은 잠꾸러기이니 이제 일어난 게 틀림없어요.

"누나랑 같이 가면 돼. 울지 마, 동아. 뚝!"

"가면 뭐해. 연도 없는걸. 엉엉엉."

"어, 연?"

은지는 자기도 모르게 동이에게 연을 쑥 내밀었어요.

"이 연 줄게. 이거 되게 좋은 연이야. 그러니까 이제 뚝 그치고 나랑 가자."

"와, 연이다, 연. 고마워, 누나. 은지 누나 최고!"

동이는 연을 받아 들고 강아지처럼 폴짝폴짝 뛰며 좋아했어요.

'아빠한테 하나 더 만들어 달래야지.'

은지는 웃으며 동이 손을 꼭 잡고 조금은 가파른 동산을 올랐어요.

처음에는 추운가 싶었는데 금세 열이 올라 두 뺨이 발개졌어요.

돌부리가 나오면 동이가 넘어질까 봐 돌아서 갔어요. 둘은 버려진 나뭇가지를 지팡이 삼아 한참을 올랐지요.

"누나, 다 와 가? 나, 다리 아파."

"응, 바로 저기야. 힘내, 동아."

은지는 제법 누나답게 동이 손을 잡아 끌어 주며 천천히 한 발 한 발 올랐어요.

드디어 헉헉거리며 동산에 올라서자 아이들이 왁자지껄 놀고 있는 게 보였어요.

"앗, 은지랑 동이다."

아이들이 둘을 보고는 반가운 듯이 소리쳤어요.

"야, 너희들 왜 이제 왔어?"

"아까 우리가 부를 때 못 들었냐?"

은지는 자느라고 못 들었지요. 동이도 마찬가지고요.

은지와 동이는 못 들은 척하고는 아이들 틈에 슬며시 끼어들었어요.

동산 위에 올라서니 아늑한 마을이 발아래로 한눈에 보였어요.

"그러고 보니 너희 둘 다 대단하다, 야."

"꼬맹이 둘이서 여길 올라왔네."

"다 컸다. 우리 마을 막내둥이 둘 다."

언니 오빠들 칭찬에 은지는 스스로가 자랑스러워서 저절로 어깨가 으쓱으쓱해졌어요.

동이도 기분이 좋아서 활짝 웃었지요. 앞니가 쏙 빠진 입이 귀여웠어요.

"재우 형, 이 연 은지 누나가 줬어. 멋지지?"

"어, 그렇구나. 참 잘 만든 연이다."

동이는 옆에 선 재우에게 자랑하고는 은지를 불렀어요.

"누나, 나랑 같이 연 날리자."

"응, 그래. 연 날리자."

은지와 동이는 얼레를 잡고 연줄을 풀며 연을 띄우려고 애썼어요.

하지만 이상했어요.

다른 아이들이 날리는 연은 하늘을 훨훨 날아다니는데 동이와 은지가 날리는 연은 금세 푸르륵 바닥에 가라앉았어요.

"어, 어, 얘들아! 연줄을 탁탁 꼬드겨야지."

듬직한 재우가 얼른 다가와서는 얼레를 받아 들고 연줄을 꼬드기기 시작했어요.

탁탁 줄을 채며 꼬드기기 시작하자 연은 조금씩조금씩 떠오르기 시작했어요.

"우아, 우아, 연이 올라간다! 누나, 우리 연이 올라가!"

동이는 좋아서 발을 동동 구르며 소리를 쳤어요.

동이와 은지의 연이 하늘을 너울너울 날아다녔어요.

은지 마음도 연 위에 되똑 올라타고 날아다니는 것 같았지요.

"어어!"

갑자기 동이가 다급하게 소리쳤어요.

"잉, 우리 연!"

**꼬드기다**

연줄을 잡아 젖히어 연이 높이 오르도록 하는 것으로, 남의 마음을 자기 뜻대로 하도록 부추길 때 빗대어 쓴다.

어느 연보다 높이 잘 올라가던 연이 갑자기 뚝 끊어져 버렸어요.

훨훨 신 나게 날던 은지 마음도 축 가라앉았어요.

울보 동이는 그 자리에 털썩 주저앉아서는 앙앙 울어 대기 시작했어요.

모두 연을 날리다 말고 놀라서 동이와 은지 곁으로 다가왔어요.

"왜 울어, 동아."

"연이 끊어져 버렸어. 제일 멋진 연이었는데……. 은지 누나가 선물한 건데……. 앙앙앙."

재우가 동이를 토닥토닥 다독여 주었어요.

"동아, 울 일 아니야. 그게 좋은 일이야."

"좋은 일?"

은지도 동이도 다른 아이들도 모두 재우를 말똥말똥 쳐다보았어요.

"어른들이 원래 대보름날에는 연을 끊어서 멀리 보내야 풍년이 든다고 했어."

"오빠, 정말이야?"

"형, 진짜지?"

모두 재우에게 다짐하듯 물었어요.

재우는 마을에서 제일 큰형답게 고개를 크게 끄덕이며 말했어요.

"그럼, 동이랑 은지 덕에 우리 마을에 풍년 들겠네."

"와, 그럼 좋겠다."

아이들이 소원을 빌 듯 소리쳤어요.

"풍년, 풍년."

"끊어 먹자! 끊어 먹자!"

이제 아이들은 연줄을 탁탁 꼬드겨 끊어지게 하느라 마음이 바빴어요.

은지와 동이와 재우는 그 모습을 보며 하하하 웃었지요.

동산 위에 날아오르던 연 몇 개가 뚝 끊어져서 훨훨 날아갔어요.

"와, 우리 마을에 대풍 들겠다. 와!"

아이들의 신 나는 함성이 멀리까지 퍼져 나갔어요.

'이제 꼭두각시하고만 놀지 않아도 되겠네.'

은지 마음도 연처럼 하늘을 둥둥 떠다니는 것 같았지요.
이렇게 좋은 친구들과 언니 오빠들, 귀여운 동생이 생겼으니까요.
은지 얼굴에 웃음이 햇살처럼 환하게 퍼졌어요.

몸에서 우리말이 나왔어요
# 거인 왕국에 간 의사 선생님

아무도 가 보지 못한 높디높은 산이 있었어요.

구름에 가려진 산꼭대기 왕국에는 거인들이 살고 있었어요.

수백 년 전부터 세계 곳곳에 흩어져 살던 거인들이 사람들 눈을 피해서 한데 모여 살게 된 것이지요.

씨앗도 큼직큼직, 나무도, 과일도, 곡식도 다 커다래서 거인들이 살기에 모자람이 없었어요.

그런데 요즘 들어 거인 왕국에 이상한 병들이 퍼지고 있었어요.

"큰일이야, 큰일. 어떻게 하면 고칠 수 있을까?"

거인 왕이 자꾸만 한숨을 내쉬자 졸졸 따라다니던 꼬마 거인이 궁금해하며 물었어요.

"임금님, 왜 그렇게 한숨을 쉬세요? 뭐 드시고 싶은 거 있으세요? 제가 과자방에 가서 맛있는 꿀타래 한 개 몰래 갖다 드릴까요?"

거인 왕이 기다란 수염을 쓰다듬으며 피식 웃었어요.

"과자로 고칠 수 있다면 얼마나 좋겠니? 요즘 부쩍 이상해진 거인들에 대해 못 들어 봤느냐?"

꼬마 거인은 그제야 아하, 고개를 끄덕였어요.

"맞아요. 우리 거인들이 제일 무서워하는 옻나무를 겁 없이 막 만지는 바람에 옻이 올라 고생하는 거인이 있대요."

꼬마 거인은 또 생각난 듯이 외쳤어요.

"맞다, 얼토당토않은 일을 가지고 고집부리는 거인도 있대요. 자기가 거인 왕국을 세웠다고 막 우긴대요. 아직 젊은 거인이 왜 그러나 몰라요."

"그러니 걱정이란다."

거인 왕은 생각에 잠긴 채 한숨을 푹푹 내쉬며 서성거렸어요.

꼬마 거인은 거인 왕 곁에서 한참 고개를 갸웃거리다 들뜬 목소리로 말했어요.

"임금님, 임금님, 제가 밤에 몰래 인간 세상에 내려가서 의사를 데려올까요? 왜, 있잖아요. 병 고치는 의사."

"아, 의사! 그렇구나. 의사가 있으면 병을 고칠 수 있겠구나. 거인 왕국에는 지금까지 병이라곤 없었으니 의사도 없었지. 그런데 네가 사람들 눈에 안 띄게 잘 다녀올 수 있겠느냐? 우리 거인들이 사람 눈에 띄면 얼마나 시끄러워지는 줄 알지? 뭐, 전설의 설인이 나타났다는 둥 외계인이 나타났다는 둥 떠들며 떼로 몰려오면 귀찮아, 귀찮아."

거인들은 조용히 느릿느릿 사는 걸 좋아했어요. 두터운 구름에 둘러싸여 보이지 않는 곳에 모여 사는 것도 다 그 때문이니까요.

"걱정 마세요. 시녀님 몰래 과자방 다녀오듯 조심할게요."

그 말을 들은 거인 왕 얼굴에 안심하는 빛이 떠올랐어요.

밤이 깊었어요.

꼬마 거인은 살금살금 인간 세상으로 내려갔어요.

　마침 달도 별도 구름에 가린 깜깜한 밤이었어요.
　꼬마 거인은 정말 아무에게도 들키지 않고 유명한 의사 선생님을 데려왔어요.
　세상모르고 쿨쿨 잠든 의사 선생님을 침대째로 사뿐히 들고 왔지요.
　"으음, 여기가 어디야? 아직 꿈인가?"
　잠에서 깬 의사 선생님은 낯선 느낌에 중얼거렸어요.
　그러다 빙 둘러서서 자기를 내려다보고 있는 거인들을 보고는

뒤로 자빠질 듯이 놀랐어요.

의사 선생님은 너무 놀라 입만 뻐끔거렸지요.

그러자 거인 왕이 천천히 앞에 나섰어요.

거인 왕은 놀라지 말라며 차근차근 부탁했어요.

"선생님, 거인 왕국에 퍼지고 있는 병을 고쳐 주십시오. 병을 잘 고친다고 들었습니다."

의사 선생님은 겁이 나서 벌벌 떨면서도 주먹을 불끈 쥐었어요.

"좋습니다. 나는 의사입니다. 거인이든 누구든 환자를 나 몰라라

할 수는 없지요."

와, 거인들이 기뻐하며 손뼉을 쳤어요.

"그만, 그만! 소리가 너무 커서 온몸이 다 울립니다. 우선 병의 원인을 찾아야 치료를 할 수 있어요. 하지만 환자가 다들 거인이라 엑스레이를 찍을 수도 없으니……. 기구를 좀 만들어 주시겠습니까?"

의사 선생님은 거인 왕에게 종이를 달라고 하더니 쓱싹쓱싹 뭔가를 그려 보였어요.

곧 솜씨 좋은 거인들이 모였어요.

뚝딱뚝딱. 이윽고 의사 선생님이 원하는 조그마한 캡슐 자동차가 만들어졌어요.

"자, 이제 병의 원인을 **미주알고주알** 다 찾아보겠습니다."

의사 선생님이 캡슐 자동차를 타고는 겁이 없어진 거인 환자의 미주알로 막 들어가려던 참이었어요.

꼬마 거인이 얼른 알약 하나를 삼키고는 소리쳤어요.

"잠깐만요! 저도 같이 갈래요. 작아지는 알약을 먹었으니 저도 탈

미주알고주알
항문을 이루는 창자의 끝 부분으로, 처음부터 끝까지 이것저것 속속들이 캐묻고 확인하는 모양에 빗대어 쓴다.

수 있어요."

곧 꼬마 거인의 몸이 의사 선생님보다 작아졌어요.

의사 선생님은 깜짝 놀랐지만, 꼬마 거인을 처음 봤을 때만큼 놀라진 않았어요.

거인도 있는데, 작아지는 알약 정도 없겠어요?

작아진 꼬마 거인과 의사 선생님은 캡슐 자동차를 타고 거인 환자의 미주알로 쏙 들어갔어요.

"이 환자가 왜 겁이 없어졌을까? 아하, 이게 원인이었군. 간이 부었군."

의사 선생님 말에 꼬마 거인은 고개를 끄덕였어요.

"아하, 간이 커져서 배짱이 늘고 겁이 없어졌던 거군요."

의사 선생님은 주머니에서 주사기를 꺼내 간의 부기를 폭 빼 주었어요.

거인의 간은 언제 부었냐는 듯 원래 크기로 돌아왔어요.

간이 붓다

간은 마음의 상태와 관련이 깊은 기관으로 겁을 먹거나 소심해졌을 땐 간이 콩알만 한 상태에, 배짱이 늘고 지나치게 대담해졌을 때는 간이 부은 상태에 빗대어 쓴다.

"와! 의사 선생님, 최고! 최고!"

꼬마 거인이 양손 엄지를 치켜들고는 소리쳤어요.

의사 선생님은 꼬마 거인 조수가 마음에 들어 빙그레 웃었어요.

둘은 이번에는 자존심이고 뭐고 다 팽개치고 줏대 없이 구는 거인의 미주알로 쏙 들어갔어요.

"어라, 이 거인 몸에는 쓸개가 있을 자리에 쓸개가 없네?"

"아, 쓸개가 빠졌나 봐요. 그렇지요?"

"좋아, 조수가 잘 맞혔어. 자, 이제 치료를 하지."

의사 선생님은 캡슐 자동차를 힘껏 밀어서 쓸개를 제자리에 올려놓았어요.

그러자 줏대 없이 굴던 거인이 점잖아졌어요.

"와와! 선생님, 멋져요."

꼬마 거인은 두 거인이 잘 치료된 걸 보고는 손뼉을 짝짝 쳤어요.

"자, 자, 의사 선생님. 다음 거인 차례입니다."

캡슐 자동차가 다음 거인의 미주알을 통해 안으로 들어가자마자 삐삐 소리가 울렸어요.

쓸개 빠지다

쓸개는 몸의 중심을 잡는 중요한 역할을 하는 기관으로, 하는 짓이 줏대가 없을 때 쓸개가 없는 상태에 빗대어 쓴다.

캡슐 자동차가 위험하다는 신호였지요.

"오, 이 거인은 몸 안이 달아올라 **안달이 났군.** 그래서 별일 아닌데도 걱정을 하며 조급하게 군 거였어."

"앗, 뜨거워. 캡슐 자동차가 녹을 것처럼 뜨거워요. 선생님, 어떡해요?"

꼬마 거인이 뜨거워서 발을 동동 굴렀어요.

의사 선생님은 침착하게 찬물을 쏴쏴 뿌려서 열을 식혔어요.

그러자 안달이 나서 견디지 못하던 거인도 삐삐 소리를 내던 캡슐 자동차도 곧 원래대로 차분해졌어요.

이번에 들어간 거인은 막무가내로 우겨 대며 눈이 뒤집히도록 막되게 굴었어요.

꼬마 거인은 휴, 하고 한숨을 내쉬었어요.

"앗, 이 거인은 심장이 아래위가 뒤바뀌었네.

꼬마 거인이 고개를 갸웃거리자 의사 선생님이 설명해 주었어요.

"인간 세상에선 이게 욕이 되었지만 의사들 말로 **환장**이라고 하지."

안달이 나다

몸 안이 뜨겁게 달아올라 열이 많은 상태로 조급히 걱정하면서 속을 태울 때 빗대어 쓴다.

의사 선생님은 캡슐 자동차에서 나와 있는 힘을 다해 아래위가 뒤바뀐 심장을 제자리로 돌려놓았어요.

온몸이 땀으로 흠뻑 젖을 만큼 힘을 쓰고 나자 거인은 싹 달라졌어요.

"에구구, 힘들어."

"의사 선생님, 땀 좀 봐요."

심장의 아래위가 뒤바뀐 상태로 마음이 전보다 못되고 나빠져 사람 됨됨이가 아주 달라졌을 때 쓴다.

꼬마 거인은 의사 선생님의 땀을 꼭꼭 눌러 닦아 주었어요.

다음 환자는 화를 잘 내는 거인이었어요.

거인은 캡슐 자동차가 들어가는 동안에도 펄쩍펄쩍 뛰며 불같이 화를 냈어요.

"어이쿠!"

캡슐 자동차는 왈캉왈캉 제멋대로 흔들렸어요.

"아야, 아야! 선생님, 캡슐 자동차가 부서지겠어요. 그냥 나가요."

"안 돼. 치료를 끝내기 전에는 나갈 수 없어."

의사 선생님은 길길이 뛰는 거인 몸속을 돌아다니다가 허파가 부은 걸 알아냈어요.

"이러니 **부아가 났지.** 그래서 아무것도 아닌 일에도 그렇게 노여워했던 거야."

의사 선생님은 얼른 허파의 부기를 쏙 빼냈어요.

삐삐삐삐! 삐삐삐삐!

캡슐 자동차의 연료가 다 떨어지고 있었어요.

"큰일이다. 의사 선생님, 빨리 빠져나가야 해요."

부아가 나다

부아는 폐의 우리말인데, 화가 나면 폐가 크게 불어나는 데서 '부아가 난다'는 표현을 화가 났을 때 빗대어 쓴다.

의사 선생님과 꼬마 거인은 서둘러 거인 몸속에서 빠져나왔어요.

막 거인 몸을 빠져나온 캡슐 자동차가 부르르 떨리더니 딱 멈춰 버렸어요.

"휴, 하마터면 영영 거인 몸속에 갇힐 뻔했네."

꼬마 거인이 가슴을 쓸어내리고는 의사 선생님을 꼭 껴안았어요. 그러고는 알약 하나를 입에 톡 털어 넣었어요.

꼬마 거인은 점점 커지고 커져서 원래 몸집으로 돌아왔어요.

의사 선생님은 귀여운 꼬마 조수가 커지는 걸 보니 좀 섭섭했어요.

거인들은 의사 선생님을 둘러싸고 꾸벅꾸벅 절을 했어요. 그리고 의사 선생님이 큰 소리에 놀랄까 봐 저마다 소곤소곤 속삭이듯 인사를 건넸어요.

"고맙습니다. 수고하셨어요."

"선생님은 거인 왕국의 생명의 은인이세요."

"의사 선생님, 만세!"

거인 왕은 의사 선생님에게 커다란 보석 한 알을 상으로 내리며

말했어요.

"콩알만큼 작은 상이지만 우리들 마음입니다. 그리고 부디 우리 거인 왕국의 주치의가 되어 주십시오. 단, 세상 사람들에겐 비밀로 해 주길 바랍니다."

의사 선생님은 더 생각하지도 않고 바로 대답했어요.

"물론입니다. 저 역시 여러분을 고쳐 주는 게 기쁩니다. 게다가 거인 왕국의 주치의라니 영광이지요. 그리고 저도 사람들이 귀찮게 물어 대는 게 싫으니 당연히 비밀로 할 생각입니다."

거인들은 모두 좋아서 벙글벙글했어요.

의사 선생님은 번쩍번쩍 빛나는 보석을 조금은 아까운 듯이 쳐다보고 난 뒤 말했어요.

"흠, 이 보석도 제가 가져가면 난리가 날 겁니다. 여러분께는 콩알만큼 작은 보석이지만 사람들에겐 어마어마하게 큰 보석이니까요. 그냥 제가 진료를 올 때 먹을 거나 좀 주시면 고맙겠네요."

의사 선생님 말이 끝나기도 전에 꼬마 거인은 부리나케 달려 나갔어요.

"아아, 그거라면 제 담당! 잠깐만 기다려 주세요, 선생님."

꼬마 거인은 금세 접시에 과자와 과일을 수북하게 담아 왔어요.

"헤헤, 이번에는 과자방 시녀님 허락을 받았어요. 여기 있는 과일도 맛보세요."

거인들에게는 한 접시였지만 의사 선생님에게는 커다란 식탁 같았어요.

"우아, 이렇게 커다란 포도 알이 다 있다니 놀랍네요. 여러분, 잘 먹겠습니다."

의사 선생님은 입을 한껏 벌리다가 잠깐 멈칫하더니 모두를 휘둘러보며 말했어요.

"음식은 혼자 먹는 것보다 같이 먹어야 맛있으니 모두 같이 드시지요."

거인 왕국에서는 곧 떠들썩한 잔치가 벌어졌어요.

성안에 환히 불을 밝힌 채 온갖 맛있는 음식들이 차려졌어요.

치료를 받은 거인들은 앞다투어 의사 선생님을 손바닥에

올리고는 꾸벅꾸벅 감사 인사를 했어요.

모두 다정하고 순박했어요.

의사 선생님은 착한 거인들을 알게 되어 무척 행복했지요.

알약을 먹고 귀여운 조수가 되어 준 꼬마 거인을 알게 된 것도요.

그 뒤로 가끔 의사 선생님의 침대는 깜깜한 밤하늘을 날 듯이 움직였어요.

꼬마 거인의 손바닥에 얹힌 채 거인 왕국에 오르내렸지요.

의사 선생님은 잠들지 않았는데도 콜콜 잠든 척했어요.

침대에 누워 흔들흔들 거인 왕국으로 올라가는 건 정말 짜릿짜릿 재미있거든요.

자세한 속담 풀이는 102~103페이지에 있습니다.

도구에서 우리말이 나왔어요
# 창고 안이 수런수런

산등성이를 넘어온 차디찬 겨울바람이 시골집 마당을 횡횡 휘돌았어요.

마당 한쪽에 있는 오래된 창고 안으로도 바람 한 줄기가 불어 들었어요.

"에그, 찬바람 말고는 겨우내 찾아오는 손님이 하나 없어. 쯧쯧."

창고 구석에서 뒹굴던 녹슨 **나발**이 투덜거렸어요.

긴 겨울이 지나는 동안 창고 문은 한 번도 열린 적이 없었어요.

"심심하고 할 일도 없는데 우리 이야기나 한 자락씩 어때?"

창고에 있던 도구들이 수다스런 나발을 바라보았어요.

나발

한 가지 음만 낼 수 있어 호령을 하거나 신호를 할 때 쓰는 관악기. 수다스럽고 소란스러울 때 나발을 부는 것에 빗대어 쓴다.

모두 속으로는 비슷한 생각을 하고 있었지요.

'나발이 입을 떼면 보나 마나 시끄럽고 자기 자랑이 끊어지지 않을 텐데……'

그때 구석에 세워져 있던 작살이 뾰족한 목소리로 말했어요.

"그래? 그렇다면 주인님이 봄에 누구를 가장 먼저 찾을지 얘기해 보는 게 어때? 봄이 되면 분명히 버려지는 것들도 있을 테니까 헤어지기 전에 이야기 나누는 것도 좋겠네."

그러자 갑자기 창고 안이 웅성거리기 시작했어요.

누군가는 버려질 거라는 작살의 말에 모두 울컥했던 거예요.

"쳇, 누가 버려진다고 그래? 하긴 작살 네가 제일 먼저 버려질지도 모르지. 요새 누가 작살로 고기를 잡겠어."

작살이 들으라고 구시렁거린 것은 산통이었어요.

작살

작대기 끝에 삼지창 비슷한 뾰족한 쇠를 박아 만든 물고기 잡는 도구로, 어떤 일이 완전히 깨어지거나 어그러질 때 빗대어 쓴다.

산통은 맹인이 점을 치는 도구인데 주인아저씨가 재미 삼아 구해다 놓고는 몇 년째 까맣게 잊어버린 채였거든요.

작살의 말에 누구보다 울컥할 수밖에 없는 처지였지요.

"참, 산통 깨는 소리 하고 있네. 농사짓는 주인님이 점치는 산통으로 할 일이 뭐 있겠어? 하긴 제일 먼저 버려질까 봐 걱정돼서 그러나 보네."

작살의 말에 파르르하던 산통은 기가 팍 죽어 버렸어요.

그렇지 않아도 제 발 저린데 작살이 한마디 침을 놓으니 더 대꾸할 힘도 없어져 버렸어요.

산통이 조용해지자 작살은 자기 자랑에 신이 났어요.

"나야, 주인님이 봄날 저녁 나를 들고서 개울가에 바람 쐬러 나갔다가 담방담방 헤엄치는 물고기를 향해 척 내리꽂겠지. 그리고 통통한 물고기들을 줄줄이 꿴 채 집으로 돌아오겠지. '작살 네 덕에 단백질 풍부한 물고기를 지글지글 구워 먹겠구나.' 하면서 말이야."

다른 도구들은 작살의 자랑은 듣는 둥 마는 둥 봄 개울가를

**산통 깨다**

길이 10cm가량의 나무나 금속에 괘를 새긴 산가지를 넣어 점을 칠 때 쓰는 것으로, 산통이 깨지면 점을 칠 수 없으므로 어떤 일이 뒤틀릴 때 빗대어 쓴다.

떠올렸어요.

 졸졸졸 끊이지 않는 물소리에 버드나무 잎이 휘늘어진 개울가는 떠올리기만 해도 숨통이 확 트이는 것 같았지요.

 그때 나발이 불쑥 나섰어요.

 "물고기 좀 잡는 게 뭐 대수야. 역시 흥을 돋우는 데는 내가 최고 아니겠어? 너희들 중에 누가 즐거운 음악을 들려주겠어?

 너희들은 주인님한테 일 시키는 도구이지만 나는 주인님을 즐겁게 해 주는 도구라니까. 봄이 되면 주인님은 나를 제일 먼저

찾으실걸."

그러자 다들 말도 안 되는 소리라며 한마디씩 했어요.

"하지만 나팔도 아니고 나발인 네가 내는 소리는 듣기가 괴롭다는 거 몰라?"

"맞아, 나발 네 소리는 크고 시끄러워서 연주가 아니라 신호할 때나 쓰이잖아."

그때, 갑자기 삿대가 모두를 향해 **삿대질하며** 소리쳤어요.

"모두 그만 좀 나불거려!"

나발은 뭔가 더 할 말이 많았지만 삿대질하는 삿대가 무서워서 조용히 물러났어요.

"너희들이 뭐래도 주인님이 농사지을 때는 내가 없으면 안 돼."

"삿대, 너도 농사 도구는 아니잖아. 농사지을 때 네가 어디에 필요해?"

나발이 참다못해 한마디 했지만 삿대는 여전히 기운이 넘쳤어요.

"흥, 바보. 주인님이 강 건너 밭에서 농사짓는다는 걸 모르는구나. 내가 없으면 배를 저을 수 없어서 강 건너 밭에

**삿대질하다**

상앗대질의 준말. 배를 물가에 대거나 얕은 곳에서 깊은 곳으로 밀어 갈 때 쓰는 긴 막대로, 화가 나서 주먹이나 손가락으로 상대 얼굴을 푹푹 내지를 때 빗대어 쓴다.

오가지도 못 하지, 또 거둬들인 곡식을 싣고 오지도 못 하지. 배가 있으면 뭐해? 내가 없으면 배를 움직이지도 못 하는걸. 이제 내가 왜 농사지을 때 중요한 도구인지 알았지?"

지금까지 가만히 듣고 있던 허풍선이 헛바람을 푸푸 뿜으면서 나섰어요.

"삿대야, 이제 삿대질 좀 그만하고 조용히 내 말 좀 들어 봐라. 내가 손풀무질로 바람을 불어 주지 않으면 주인님은 밥도 못 해 먹고 추워서 얼어 죽고 말걸? 생각해 봐. 그래도 우리들 중에

허풍선

숯불에 바람을 불어서 불을 피우는 손풀무의 하나로, 매우 허풍을 떠는 사람에 빗대어 쓴다.

나는 가끔 아궁이에 불 피울 때 불려 나가잖아. 봤지?"

그러자 모두 허풍선이 언제 불려 나갔던가 하고 기억을 더듬었어요.

생각해 보니 이 창고 안에 있는 도구들 가운데서 그나마 허풍선이 몇 번 불려 나간 것 같았어요.

"너희들은 창고에서 언제 불려 나갈지 알 수 없지만 이 몸은 내일이라도 아니 오늘 당장이라도 불려 나갈 수 있어. 그러니 나한테 깍듯이 대해. 알았지?"

허풍선 말에 이번에는 바가지가 코웃음을 치며 나섰어요.

"허풍선 같은 소리 그만해. 네가 없어도 불은 피울 수 있어. 요즘 같은 세상에 너같이 케케묵은 손풀무로 누가 바람을 일으킨대?"

허풍선은 바짝 약이 올라 바가지를 향해 쏘아붙였어요.

"**바가지 좀 그만 긁어.** 그러는 바가지 넌 왜 중요한데? 요즘엔 색깔 고운 플라스틱 바가지들이 넘치는 거 몰라?"

바가지는 으스대며 말했어요.

"물론 플라스틱 바가지가 흔하기야 하지. 그렇지만 곡식을 퍼

> 바가지 긁다
>
> 박이나 플라스틱으로 만든 물건 담는 데 쓰는 그릇으로, 긁을 때 나는 시끄러운 소리를 불평과 심한 잔소리에 빗대어 쓴다.

담고, 물을 뜨고, 구수한 보리밥을 퍼 담을 때 나만큼 멋이 살아 있는 도구도 없다 이거야. 옛날이야기 못 들어 봤어? 아리따운 아가씨가 훤칠한 도령한테 물을 떠 줄 때 바가지에 물을 떠서 버들잎 하나 탁 띄워 줬다는 이야기."

모두 샘이 나서 입 모아 말했어요.

"몰라, 못 들어 봤어."

지금까지 가만히 있던 먹통이 굵은 목소리로 끼어들었어요.

"내가 생각할 때는 너희들 말이 다 맞는 거 같아. 나발도, 삿대도, 허풍선도, 작살도, 산통도, 바가지도 다 꼭 필요한 도구들이야."

"그런데?"

다른 도구들은 먹통이 무슨 뒷말을 할지 궁금해서 되물었어요.

"나 먹통도 꼭 필요하지."

도구들은 속으로 '에이, 그럼 그렇지. 자기 자랑이네.' 하며 심드렁해졌어요.

먹통은 신경 안 쓰고 말을 이었어요.

"나는 주인님이 이 집을 지을 때 먹줄을 그어 주는 일을 했어. 단 한 번 쓰이고 다시는 안 쓰였지만 괜찮아. 단 한 번이라도 중요한 일을 했잖아. 물론 내가 농사짓는 농부 주인님이 아니라 집 짓는 목수 주인님을 만났다면 나는 언제나 사랑 받는 도구로 잘 쓰였겠지."

이때 산통이 쏙 끼어들었어요.

"야, 먹통. 네가 아무리 점잖은 척 말해도 소용없어. 사람들이

**먹통 같다**는 말을 어떨 때 쓰는 줄 알아? 멍청이 바보란 뜻으로 쓴다고. 이 먹통아."

그때 한참 동안 잠자코 있던 작살이 산통을 무섭게 나무랐어요.

"야, 산통. 계속 떠들면 이 작살한테 혼난다. 그만하고, 먹통 말 좀 잘 새겨 봐. 사실은 우리 모두 주인님한테 잊혀진 신세란 거 알고 있잖아. 그런데 먹통은 뭔가 좀 다르게 생각하는 거 같아. 먹통은 딱 한 번밖에 안 쓰였는데도 자신을 소중하게 여기고 있어. 우리는 서로 잘난 척하며 떠들어 댈 뿐 사실은 우리 자신이 부끄럽고, 맘에 안 들고, 속상한 거잖아."

창고 안은 아무 소리 없이 조용해졌어요.

모두 속으로는 자기가 버려질까 봐 불안해서 초라한 자기 자신을 어떻게든 잘난 척하며 뽐낸 거였으니까요.

열을 내던 작살이 이번에는 조용한 목소리로 말했어요.

"지금 당장이라도 주인님이 청소하러 들어왔다가 우리를 싹 내다 버릴지도 몰라."

바가지가 말했어요.

먹통 같다

목공이나 석공이 먹줄을 치는 데 쓰는 나무 그릇. 또는 백통이나 주석 등으로 만들어 그 속에 솜을 깔고 먹물을 담아 두는 통으로, 답답하거나 바보 같은 행동을 할 때 빗대어 쓴다.

"맞아, 나를 제일 먼저 내다 버릴 거야."

산통이 주춤거리며 말했어요.

"주인님이 낡은 배도 부숴 장작으로 썼는데 나 같은 삿대로 뭐하겠어?"

삿대의 말에 다른 도구들이 놀라서 쳐다봤어요.

"실은 잔치 때도 나를 불지 않아."

나발이 얼굴을 붉히며 말했어요.

"나야말로 이제 필요 없지, 뭐. 전에도 동네 아이들에게 구경시킨다고 데리고 나갔다 온 거였어. 이런 물건도 있다면서."

허풍선도 풀이 죽어서 말했어요.

"애들아, 이러지 마. 당장 내일 버려져도 우리가 쓸모없었던 건 아니잖아."

먹통이 당황하며 말했어요.

"그럴까?"

"정말?"

먹통의 말을 믿고 싶은 도구들이 몇 번이고 되물었지만 먹통도 이제는 가만히 있을 뿐이었어요.

그때였어요. 발자국 소리가 창고 가까이 들려왔어요.

"어떡해. 우리를 버리러 오나 봐."

나발이 꽥 비명을 질렀어요. 다른 도구들도 겁에 질려 벌벌 떨었어요.

창고 문이 삐거덕거리며 열렸어요.

맑은 겨울 햇살에 먼지가 부옇게 피어올랐어요.

"이렇게 낡은 도구들인데 괜찮을까요?"

"아이고, 훌륭합니다. 옛날 도구들을 아주 잘 보관해 놓으셨네요. 이만하면 저희 생활사 박물관에 진열하는 데 딱이겠는걸요."

"제 손길이 가닿은 것들이라 차마 못 버리고 놓아둔 거지요."

가만히 이야기를 듣던 허풍선과 작살과 바가지와 먹통과 산통과 나발과 삿대는 가슴이 벅찼어요.

박물관이 어딘지는 모르지만 적어도 버려지는 건 아닐 테니까요.

"어린이 친구들이 아주 신기해하며 보겠어요. 고맙습니다."

"야, 어린이 친구들을 만난대."

"와, 신 난다."

박물관 아저씨 귀에는 들리지 않았지만 주인님 귀에는 도구들의 웃음소리가 들리는 것 같았어요.

주인님은 마지막 인사를 하고 떠나보내려는 듯이 사랑스런 눈길로 도구들을 하나하나 바라보았어요.

옷에서 우리말이 나왔어요
# 길모퉁이 옷 가게

"까치 까치 설날은 어저께고요. 우리 우리 설날은 오늘이래요."

설날이 며칠 앞으로 다가왔어요.

골목길에 들뜬 아이들 노랫소리가 한바탕 울리고 지나갔어요.

헌 옷을 파는 길모퉁이 옷 가게에도 여느 때보다 손님들이 자주 들락거렸어요.

옷들은 이제나저제나 팔려 나가기만을 맘 졸이며 기다렸어요.

다시 새 주인을 만나 예쁘다는 소리를 들으며 뽐내고 싶었어요.

옷들은 손님이 드나들 때나 주인이 있을 때는 입을 꼭 다물고 소리를 내지 않았어요.

어쩌다 바람이 불어 들어와 앞자락이 펄렁 뒤집어지면 헉, 하고 낮게 소리쳤지만 주인 귀에까지 들리지는 않았어요.

길모퉁이 옷 가게 주인은 가만히 웃옷의 앞자락을 눌러 여며 두었어요.

"이 때때옷은 어디에 걸면 좋을까?"

주인은 새로 들어온 여자아이 색동저고리를 어디에 걸어 둘까 자리를 찾다가, 남자아이 바지저고리 옆에 나란히 걸어 두었어요.

실크 원피스와 양복이 나란히 걸려 있는 자리 바로 아래쪽이었어요.

밤이 되었어요.

주인은 가게 불들을 다 껐는지 두루 살핀 뒤에 문을 잠그고 나갔어요.

밖에서 진열창이 들여다보이도록 꼬마전구 하나만 밝혀 두었지요.

양복이 숨을 푹 내쉬며 비로소 입을 뗐어요.

바지저고리
바지와 저고리를 아우르는 말로 자기 주장이나 생각이 없고 제구실을 못하는 사람에 빗대어 쓴다.

"휴, 끽소리도 안 내느라 힘들었네."

실크 원피스가 낯설어 하는 때때옷에게 다정하게 말을 걸었어요.

"얘, 때때옷아. 네 주인도 너처럼 귀여웠니?"

때때옷은 꼬마 주인의 사랑을 독차지하다가 헌 옷으로 팔려 온 게 말할 수 없이 슬펐어요.

때때옷은 풀이 죽어 대답도 잘 못했어요.

"수빈이가요, 일 년 내내 나만 입고 싶어 했거든요."

울먹이는 때때옷이 안쓰러워 실크 원피스는 엄마가 하듯이 때때옷을 도닥거려 주었어요.

"저런, 사랑을 많이 받았구나."

"네, 수빈이가 키가 쑥 자라서 치맛단이 깡뚱하니 올라가고 색동저고리 소매도 짧아졌어요. 그래서 수빈이 엄마가 나를 여기에

**풀이 죽다**

쌀이나 밀가루 등을 끓여 만든 풀을 천이나 종이에 먹이면 뻣뻣해지는 것에 빗대어 기세가 꺾인 모습일 때 '죽다'라는 표현을 붙여 쓴다.

팔았나 봐요."

길모퉁이 옷 가게에 있는 다른 헌 옷들도 모두 겪은 가슴 아픈 일이지요.

"수빈이 동생이라도 있었으면 물려주었을 텐데 내가 너무 깨끗해서 아깝다고 했어요."

"그래, 널 보니 올곧고 촘촘하고 빛깔도 또렷한 게 아직 새 옷 같구나. 너무 풀 죽어 있지 마. 설이 다가오니까 새 꼬마 주인이 꼭 나타날 거야."

실크 원피스가 때때옷에게 힘을 북돋워 주었어요.

"정말이요?"

때때옷은 새로운 꿈에 가슴이 뛰었어요.

"그럼, 그렇고말고."

실크 원피스는 빙그레 웃으며 대답해 주었어요.

 올곧다

올은 실이나 줄의 가닥으로, 올이 곧으면 천이 뒤틀림 없이 바르게 짜여진다는 데서 사람의 바르고 곧은 성품을 나타낼 때 빗대어 쓴다.

그러자 양복이 콧김을 팍 쐬며 기어이 한마디 했어요.

"얘, 너무 기대하지 마. 저 원피스는 여기 걸린 지 벌써 몇 달째야. 나도 그렇고. 그리고 네 옆에 입 무거운 남자아이 한복 보이지? 걔도 벌써 몇 주가 지나도록 거기 그대로 걸려 있어."

때때옷은 그제야 옆에 나란히 걸려 있는 꼬마 한복을 바라보았어요.

"안녕? 아까 못 봐서 미안해. 너무 슬퍼서 옆도 못 봤어."

"아, 괜찮아. 나야말로 인사도 못 해서 미안."

둘이 쑥스럽게 인사를 나누자 실크 원피스가 호호 웃었어요.

"둘이 그러고 있으니까 사이좋은 오누이 같기도 하고 꼬마 신랑

각시 같기도 한걸."

"쳇! 자기 걱정이나 할 것이지, 남이야 오누이 같든 말든 웬 상관이람. 오지랖 넓게시리."

"아이참, 한집에 걸려 있는 것도 다 인연인데 너무 모나게 굴지 마세요."

양복은 실크 원피스의 바른말에 뭐라고 더 투덜대려다 말았어요.

"저, 원피스 아주머니. 아주머니 주인은 어땠어요?"

때때옷이 쑥스러운 듯 물었어요.

"아, 우리 주인은 멋쟁이 아가씨였어. 그러니까 나도 원피스 아주머니가 아니라 원피스 언니라고 불러 줘."

"네, 원피스 언니."

"주인 아가씨가 나를 입고 나서면 사람들이 옷매무새에 감탄했어. 사업하던 집이었는데 망하는 바람에 아끼던 나를 내놓았지. 꼭 찾으러 온다고 했어. 가게 주인에게도 다시 찾으러 올 거니까 팔지 말라고까지 했지."

"쳇, 그 말을 믿나? 내 옷맵시를 한번 보라고. 주인이 나를 입고

**오지랖 넓다**

웃옷이나 윗도리에 입는 겉옷의 앞자락으로, 앞자락이 넓으면 다른 옷을 덮는다 하여 아무 일에나 쓸데없이 참견할 때 빗대어 쓴다.

나서면 인물이 훤했다니까. 올곧지, 촘촘하지, 윤이 자르르 흐르지. 하지만 변덕스러운 우리 주인이 한 달 만에 내게 싫증을 냈어."

실크 원피스도 꼬마 한복도 때때옷도 주인이 싫증 냈다는 말에 화들짝 놀랐어요.

싫증 내기엔 아직도 새 옷 같았거든요.

"네? 겨우 한 달 만에 싫증을 냈다고요?"

실크 원피스가 믿어지지 않는다는 듯 물었어요.

"그렇다니깐. 원피스 아가씨는 주인이 다시 찾으러 온다는 말이라도 남겼고, 때때옷은 팔기 아쉬워하기라도 했지, 나는 지겨워서 팔아 치웠으니 내 신세가 가장 가엽지 않아?"

원피스 아가씨는 그동안 잘난 체하며 못되게 굴어서 속없고 맺힌 데가 없는 줄만 알았던 양복이 참 안됐다고 생각했어요.

'저 양복은 정말로 주인한테 버림받은 거네. 가여워라. 그래서 늘 투덜댔던 거야.'

그때 갑자기 꼬마 한복이 한숨을 내쉬었어요.

"왜 그러니, 꼬마 한복아? 너도 마음 아픈 일이 있었구나?"

실크 원피스가 물었어요.

"저는요, 꼬마 주인이 세상을 떠났어요. 새 한복을 지어 놓고 한 번도 입지 못하고서요. 꼬마 주인의 엄마가 정성스레 지은 옷을 버릴 수는 없다고 누군가 대신 잘 입어 줬으면 좋겠다며 여기 내놓았지요. 저를 여기에 팔면서 돈도 안 받았어요. 건강한 아이가 잘 입어 주기만 하면 기쁘겠다고요."

꼬마 한복은 말하는 내내 울먹이는 목소리였어요.

"아, 그랬구나. 나는 네가 반짝반짝 새 옷처럼 보이는 데다 말이 통 없어서 꽤나 건방진 줄 알았는데……. 알고 보니 그럴 이유가 있었구나."

양복이 짐짓 미안한 듯이 목소리를 낮췄어요.

"자, 자, 애들아. 며칠 뒤면 까치설날이란다. 틀림없이 우리들이 필요한 손님들이 찾아올 거야. 이렇게 어여쁜 옷들을 싸게 살 수 있는데 왜 찾는 손님들이 없겠어? 기운 내. 알았지?"

실크 원피스가 애써 밝은 목소리로 말했어요.

"그래, 내일은 아마 좋은 일이 생길 거야. 기대해 보자꾸나."

양복도 전에 없이 다정하게 말했어요.

꼬마 한복과 때때옷은 소매를 맞붙이고 정다운 오누이처럼 콜콜 잠들었어요.

날이 밝았어요.

길모퉁이 옷 가게도 문을 열었어요.

아직 젖살이 통통한 오누이가 양쪽에서 엄마 팔을 붙잡고 지나다가 가게 앞에서 발걸음을 딱 멈췄어요.

"엄마, 엄마. 저 색동저고리랑 바지저고리 정말 예쁘지?"

"어머, 그렇구나. 너희 둘에게 딱 맞겠다."

엄마는 그렇게 말하고선 마음이 무거웠어요. 기대만 하게 해 놓고 사 주지 못하면 어쩌나 싶어서였어요.

'헌 옷 가게에서 파는 한복 같지가 않네. 아직도 새 것들이라서 비쌀 것 같은데……'

두 아이도 엄마 마음을 아는지 손을 꼭 쥐고서 뚫어져라 진열창을 바라보고 서 있을 뿐이었어요.

사 달라고, 갖고 싶다고 칭얼대지도 않는 게 엄마 마음을 더 아프게 했어요.

'그래, 값이라도 물어보자.'

엄마는 가게 문을 드르륵 열고 들어섰어요.

마음 착한 길모퉁이 옷 가게 주인은 아이들을 척 보고서, 꼬마 한복과 때때옷이 주인을 제대로 만났구나 하고 생각했어요.

"**샅샅이** 살펴보세요. 바느질도 옷감도 좋을 겁니다. 풀 죽은 건

**샅샅이**

샅이란 다리와 다리 사이를 뜻하는 것으로, 어떤 일이나 장소를 빈틈없이 모조리 살필 때 빗대어 쓴다.

풀 먹여 다림질하시면 새 옷처럼 살아나요."

엄마는 생각했던 것보다 훨씬 싼값에 아이 한복 두 벌을 살 수 있었어요.

"예쁘게 입히세요. 아이들이 참 사랑스럽네요. 참 아얌도 넣어 드렸어요."

"고맙습니다. 새해 복 많이 받으세요."

엄마는 고마워서 허리를 숙여 인사를 하고는 아이들 손을 잡고 기쁜 마음으로 가게를 나왔어요.

겨울 햇살이 엄마와 오누이를 따사롭게 비춰 주었어요.

가방을 손에 하나씩 든 아이들은 춤추듯이 나풀나풀 걸었어요.

가방 속에 든 꼬마 한복과 때때옷도 흔들흔들 춤을 추었어요.

아얌도 때때옷에 맞춤해 씌워질 생각에 기분 좋아서 파르르 **아양을 떨었어요.**

길모퉁이 옷 가게 진열창에 걸린 실크 원피스와 양복은 서로 마주 보았어요. 이제 더 이상은 쓸쓸하지 않았어요.

둘은 이제 함께 기다리는 친구가 되었으니까요.

아양 떨다

나들이할 때 추위를 막으려고 머리에 쓰던 아얌 끝에 아얌드림이란 비단 댕기를 길게 늘이는데, 걸을 때마다 나풀거려 눈길을 끈다 하여 애교를 부릴 때 빗대어 쓴다.

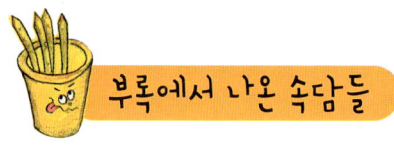

## 부록에서 나온 속담들

### 🍅 음식에서 나온 속담들

남 떡 먹는데 팥고물 떨어지는 걱정한다 | 남의 일에 쓸데없이 걱정함을 비유적으로 이르는 말

국수 잘하는 솜씨가 수제비 못하랴 | 국수를 잘 만들면 수제비도 쉽게 만들 수 있다는 뜻으로, 어려운 일을 잘하면 그보다 쉬운 일은 거뜬히 할 수 있음을 이르는 말

남의 손의 떡이 더 커 보인다 | 내 밥보다 남의 밥에 든 콩이 굵어 보이고, 내가 하는 일보다 남의 일이 더 쉬워 보이는 것으로 항상 남의 것이 좋아 보임을 이르는 말

밥 아니 먹어도 배부르다 | 기쁜 일이 생겨서 마음이 매우 흡족함을 이르는 말

값싼 비지떡 | 비지떡은 비지에 쌀가루나 밀가루를 넣어 부친 떡으로 값싼 물건은 그만큼 품질도 안 좋음을 이르는 말

다 된 죽에 코 빠졌다 | 다 된 일을 끝판에 우연한 일로 망치게 됨을 이르는 말

보기 좋은 떡이 먹기도 좋다 | 내용이 좋으면 겉모양도 좋다는 뜻으로 속도 중요하지만 겉을 잘 꾸미는 것도 필요함을 이르는 말

남의 고기 한 점 먹고 내 고기 열 점 준다 | 적은 것이라도 남의 것을 탐내서 가지면 나중에 큰 손해를 보게 됨을 이르는 말

남의 고기 한 점이 내 고기 열 점보다 낫다 | 자기 것은 두고 욕심 사납게 남의 것을 공연히 욕심냄을 이르는 말

작은 고추가 더 맵다 | 몸집은 작아도 힘이 세거나, 하는 일이 야무질 때 이르는 말

### 🍅 놀이에서 나온 속담들

시조하라 하면 발뒤축이 아프다 한다 | 시조와 발뒤축은 아무 상관이 없는 것으로, 무엇을 하라고 했을 때 엉뚱한 핑계를 대고 하지 않으려 함을 이르는 말

장구 치는 사람 따로 있고 고개 까딱이는 사람 따로 있나 | 혼자서 할 수 있는 일을 아무 상관없는 사람에게 나누어 하자고 할 때에 이를 반박하여 이르는 말

한강에 그물 놓기 | 그물을 준비해 놓았으니 물고기를 잡는 일만 남았다는 뜻으로, 이미 준비는 해 놓았으니 기다리면 언젠가 일이 이루어질 것임을 이르는 말

도랑 치고 가재 잡는다 | 일의 순서가 바뀌어 애쓴 보람이 없거나, 한 가지 일로 두 가지 이득을 봤음을 이르는 말

막동이 씨름하듯 | 두꺼비씨름 누가 질지 누가 이길지와 같은 뜻으로, 서로 힘이 비슷하여 승부를 알 수 없음을 이르는 말

활과 과녁이 서로 맞는다 | 어떤 일을 하고자 했을 때 딱 맞는 기회가 때맞추어 왔음을 이르는 말

당겨 놓은 화살을 놓을 수 없다 | 이미 활시위를 떠난 화살은 되돌릴 수 없다는 뜻으로, 이미 시작한 일은 도중에 그만두어서는 안 됨을 이르는 말

힘 모르고 강가 씨름 갈까 | 자기 힘도 모르고 상대에게 덤벼서는 안 된다는 뜻으로, 자기 자신을 알아야 함을 이르는 말

### 🍅 몸에서 나온 속담들

자빠져도 코가 깨진다 | 엎어져도 코가 깨지고 재수가 없는 포수는 곰을 잡아도 응담이 없다는 뜻으로, 운이 없어 모든 일이 잘 안 풀림을 이르는 말

간이 콩알만 하다 | 몹시 놀라서 간이 콩알만 하게 오그라든다는 뜻으로 몹시 걱정되고 불안함을 이르는 말

눈 익고 손 설다 | 눈에는 쉬워 보이는 일도 실제 하려면 마음대로 되지 않음을 이르는 말

입에 쓴 약이 병에는 좋다 | 남이 하는 충고나 비판이 듣기에는 싫지만 그것을 달게 받아들이면 도움이 됨을 이르는 말

믿는 도끼에 발등 찍힌다 | 믿었던 돌에 발부리 채이고, 아는 도끼에 발등 찍힌다는 뜻으로, 믿었던 사람이 배신하여 해를 당함을 이르는 말

발 벗고 따라가도 못 따르겠다 | 신발까지 벗고 쫓아가도 따라가지 못하겠다는 뜻으로, 능력이나 수준의 차이가 너무 심해서 경쟁 상대가 되지 못함을 이르는 말

귀가 항아리만 하다 | 남이 하는 말이라면 모두 곧이듣거나 받아들이는 모양을 이르는 말

허리 부러진 장수 | 허리 부러진 호랑이, 날개 부러진 독수리라는 뜻으로, 힘 있고 권세를 부리던 사람이 보잘것없이 된 경우를 이르는 말

## 도구에서 나온 속담들

바늘구멍으로 하늘 보기 | 조그만 바늘구멍으로 넓디넓은 하늘을 본다는 뜻으로, 전체를 보지 못하고 좁게만 보는 사람을 비꼬아 이르는 말

가는 방망이 오는 홍두깨 | 남에게 조금이라도 잘못하면 더 큰 해가 되어 돌아옴을 이르는 말

등잔 밑이 어둡다 | 가까이 있는 사람이나 가까운 데서 생긴 일에 대해 오히려 더 모를 때 이르는 말

사또 떠난 뒤에 나팔 분다 | 사또 행차가 다 지나간 뒤에 악대를 불러와 나팔을 불리고 북을 치게 한다는 뜻으로, 뒤늦게 서두르고 부산을 떨 때 이르는 말

경을 치다 | 옛날에 잘못한 사람이 순라군에게 끌려가면 밤 시간을 알리기 위해 북을 치는 시간까지 벌을 받고 나왔다는 데서 유래한 것으로, 호된 꾸지람이나 벌을 받을 때 이르는 말

가을에는 부지깽이도 덤빈다 | 가을철에는 죽은 송장도 꿈지럭한다는 뜻으로, 추수기에는 매우 바빠서 누구든지 일을 함을 이르는 말

무쇠도 갈면 바늘 된다 | 꾸준히 노력하면 아무리 어려운 일이라도 이룰 수 있음을 이르는 말

바늘 가는 데 실 간다 | 바람 가는 데 구름 따라간다는 뜻으로, 둘의 관계가 아주 가깝고 믿음이 있음을 이르는 말

## 옷에서 나온 속담들

오지랖 넓다 | 웃옷이나 윗도리에 입는 겉옷의 앞자락이 넓다는 뜻으로 남의 일에 간섭이나 참견을 많이 함을 이르는 말

갓 쓰고 자전거 타기 | 갓 쓰고 구두 신기, 갓 쓰고 넥타이 매기라는 뜻으로 서로 어울리지 않게 차려입은 경우를 이르는 말

갓 쓰고 박치기해도 제 멋 | 갓 쓰고 박치기를 하여 갓이 망가져도 내버려 두라는 뜻으로, 상대방이 하고 싶은 대로 하게 두는 경우를 이르는 말

옷은 새 옷이 좋고 사람은 옛 사람이 좋다 | 물건은 새것이 좋고 사람은 오래 사귈수록 마음이 맞아 좋음을 이르는 말

가랑비에 옷 젖는 줄 모른다 | 아주 작은 일이라도 계속 반복되면 큰일이 되어 피해를 보게 됨을 이르는 말

옷이 날개라 | 옷이 좋으면 사람이 돋보임을 이르는 말

같은 값이면 다홍치마 | 값이 같거나 노력이 같다면 품질이 좋은 것을 선택해야 함을 이르는 말

물에 빠진 놈 건져 놓으니까 내 봇짐 내라 한다 | 물에 빠진 놈 건져 놓으니까 망건 값 달라 한다는 뜻으로, 남에게 은혜를 입고서도 그 고마움을 모르고 생트집을 잡음을 이르는 말

## 밥상에 우리말이 가득하네

초판 1쇄 발행 2010년 9월 14일 | 초판 28쇄 발행 2025년 9월 15일
글쓴이 이미애 | 그린이 권송이 | 감수 손세모돌
발행인 윤승현 | 콘텐츠개발본부장 안경숙 | 편집인 이화정
책임편집 곽미영 | 디자인 임은경 | 마케팅 정지운, 박현아, 김지윤, 황지영 | 제작 신홍섭

펴낸곳 (주)웅진씽크빅
주소 경기도 파주시 회동길 20 (우)10881
문의전화 031)956-7523(편집), 031)956-7569, 7570(마케팅)
홈페이지 www.wjjunior.co.kr | 블로그 blog.naver.com/wj_junior | 인스타그램 @woongjin_junior
출판신고 1980년 3월 29일 제406-2007-00046호 | 제조국 대한민국 | 사용연령 7세 이상

ISBN 978-89-01-11050-9 · 978-89-01-11048-6(세트)

글 ⓒ 이미애 | 그림 ⓒ 권송이 2010
저작권자와 맺은 특약에 따라 검인을 생략합니다.

웅진주니어는 (주)웅진씽크빅의 유아·아동·청소년 도서 브랜드입니다.
이 책은 저작권법에 따라 보호받는 저작물이므로 무단전재와 무단복제를 금지하며,
이 책 내용의 전부 또는 일부를 이용하려면 반드시 저작권자와 (주)웅진씽크빅의 서면 동의를 받아야 합니다.

잘못 만들어진 책은 바꾸어 드립니다.
※주의 1_책 모서리가 날카로워 다칠 수 있으니 사람을 향해 던지거나 떨어뜨리지 마십시오. 2_보관 시 직사광선이나 습기 찬 곳은 피해 주십시오.